Ausblicke

Gedichte von 1996 bis 2023

Ausblicke 1: Auf der Schwelle

Ausblicke 2: Vom Segen der Heilung (Augen)

Ausblicke 3: Komm ins Offene

Impressum

Ausblicke

Auf der Schwelle – Vom Segen der Heilung (Augen) – Komm ins Offene

von Ursela Bresch

Herausgeber: Hans-Jürgen Sträter, Adlerstein Verlag

Herstellung und Verlag: BoD – Books on Demand, Norderstedt

Ausgabe Oktober 2023

ISBN: 9783757890919

Fotos:

Die **Waldtreppe** ist mit freundlicher Genehmigung von **Ulrike Schneiders** erfolgt.
Bild 1, Bild 4 und Bild 8 sind **von Julia Grunwald.**
Bild 2, Bild 3, Bild 5, Bild 6, Bild 7 und Bild 9 sind von **Ursela Bresch.**

Ausblicke 1

Auf der Schwelle

Laufe auf schwankendem Boden

Laufe
auf schwankendem Boden
den Kopf im Himmel
die Füße auf der Erde
und dazwischen :
Bangen

Wie zerbrechlich
Wie filigran
Wie schön
ist
das Leben

Suche nach Halt
Suche nach Sinn
ist Arbeit

Leichtigkeit
Freude
im Blick
nicht nur an den Rändern
ist Hoffnung

Die Zeit ist reif

Die Zeit ist reif,
Altes zu sprengen,
raus aus dem Engen:
Nichts mehr mit Aufhängen!

Der Ruf,
aus der Wüste herauszutreten,
ist gehört.

Ich platze aus allen Nähten.
Die eigenen Bänder
fliegen mir
nur so
um den Kopf herum.

Wer sprengt die auferlegte Enge?

Die Zeiten haben sich geändert

Auf der Schwelle

Falle jetzt
In meine Zukunft
hinein
in mein eigenes Stück
SEIN
und-
bin dann im Glück zurück
und nicht allein:
I`m still standing
rockt es in mir
und bewegt sich zu dir

Bild 1 - Abstieg

Wo?

Mit der Seele
im All
Mit der Nase
im Treppenhaus
Mit dem Kopf
in den Wolken
Mit der Hand
am Schlüsselbund
Mit dem Körper
…HIER…

Spürst du

Spürst du

wie die

Individualitäten fallen

fallen von weit her

ins Nichts zurück

Spürst du

das Licht hinter

diesen Schleier

des Vergessens

neu zentriert

neu justiert

neu verbunden

neu gewebt

noch nicht erlebt:

Neu

Wohin sich wenden:

Ein Lauschen………

Suche eine neue Erde

Suche
eine neue Erde
mit neuen Visionen.
Packe den Wanderstab
und
suche
zuerst
in mir,
dann in dir
auf ihr
nach
neuen Gedanken.
Ob es hält?

Ich bin (3)

Ich bin
einen so weiten Weg gegangen
wie oft
war mir mein Blick verhangen
von Blut
von Wut

Wieder
den Wanderstab genommen,
die alten Träume
in meinen Beutel gesteckt,
von Schmerzen geweckt
suche ich
dem Alten
zu entkommen
und laufe
davon

Du darfst hier
keine Hütten bauen

Du darfst hier
keine Hütten bauen!
Für einen Augenblick
oder mehr
der Klarheit und des Glücks
breche auf,
auf den Berg hinauf!

Nichts ist gewiss,
selbst die Ankunft
ungewiss
– aber sicher –!

Ob ein Leben langt
oder mehrere…
Was solls!

Du darfst und kannst
nicht bleiben.
Trete auf –
immer sicherer in dir
und schaue
und lausche
und
sei dir gewiss,
du kommst an
irgendwann
aber sicher!

Bild 8 – Kanzelwand

Und so

Und so
lausche ich
den Bewegungen in mir
Und so achte ich
auf meine Inneren Lieder
und setzte mich nieder
Und so
geht es mit dem Klaren
Und so
geht es mit dem Fühlen
und dem Mut
in den Tanz und das Lachen
Und so
falle ich in Federn
in tiefer Ruh
und passe mich an
erfinde mich neu
und suche meinen Nachen……

Nachtrag:

Manchmal stehe ich

Manchmal

stehe ich mitten

am Tage

zu meiner Auferstehung auf.

Ich raffe meine Kleider,

halte mein Gesicht zusammen,

schaue meiner Angst in den Nacken,

umarme mein wütendes Kind

und

trenne,

was zu trennen ist

geschwind.

Jetzt

Jetzt
lebe ich
und
Sterben
Ist eine andere Zeit.

Jetzt
wittere ich
meine unsichtbare Fährte
und
folge meinen
Unsicherheiten.

Jetzt
schaue ich
dem Tod
ins Gesicht.

Bild 6 – Brombeerfülle

Karfreitag 2022

Heute
nehme ich
meinen Leichnam
vom Kreuz
auf Golgatha
Bette ihn
ins Gras
Bedecke ihn
mit Blumen
und mit Erde
Heute
nehme ich mich
selber in die Arme
voll Erbarmen
und suche
die Wärme
und das Licht
auf meinem Gesicht

Von Augenblick zu Augenblick
Wenn das Eis dünn ist

Wenn das Eis dünn ist
setze ich
einen Fuß vor den anderen
ganz langsam
wach
und sacht
ganz Ohr
suche den richtigen Ton
suche die richtige Haltung
und warte geduldig
bis es trägt
von Augenblick zu Augenblick

Aus Trümmern geboren (2)

Aus Trümmern geboren
suche ich den Horizont ab
nach Wundern
sie,
die einzigen verlässlichen
heute
in diesen Zeiten
Den Gehstock genommen
Den Rucksack leicht geschnürt
suche ich die Ahnung:
Wohin soll es gehen?
Wohin darf es gehen
zur Einlösung
der Alten Zusage…?
Ich altes Weib
steh auf bestellten Feldern
und warte auf den Regenbogen…

22.5.2022

Sie fällt aus der Zeit

Sie fällt aus der Zeit

meine Dichterei,

kommt zu mir,

wie auf Adlers Schwingen,

wie ein Lichtblitz

so schnell

lässt sie mich

Worte singen,

dann,

wenn auch die Stille schweigt.

Ich kreiere mich

Ich kreiere mich
jeden Moment neu:
Schicke Wurzeln
tief in die Erde
und
spanne mich auf
vom Himmel übers Meer.
Bürste mein Haar
und meditier.
Setze Segel
und steche in See.

Wo werde ich landen?
Ungewiss!
Wo werde ich landen?
Neu!

Die Vergangenheiten

Die Vergangenheiten
greifen nun nach uns
Sie ziehen uns
ganz sacht
Die unsichtbaren Fäden
ziehen und ziehen
Und bedacht
wird
Feuer, altes Feuer
so entfacht

um neues Leben
draus zu weben.

Scheinbar
greift der alte Abgrund
nun nach uns
Verspricht nichts Gutes
aus der Glut
Und doch weht
sacht und stetig gleich
das Neue Reich
bereits
hinein
ins Neue Sein

Ausblicke 2

Das Auge spricht

Das Auge spricht:
Schließe mich

Geh tief
noch tiefer
in die Dunkelheit
versinke
tiefer noch
Lass alles Helle sein
Sinke
Falle
in dich hinein

Dann falle Licht
in deine Tiefe
Dehne dich
Strecke dich
Erhelle,
was da ruft
in dir
um dich
zu wecken

Bild 4 – dunkle Treppe

Ich sitze hier

Ich sitze hier und meditier`

und suche Stille –

suche Deinen Willen.

Alles,

was Glas in mir ist,

hat sich verdreckt.

Hab es einfach nicht gecheckt,

dass ich zu viele Geister rief –

und sie alle gleichzeitig bedient.

Hab es überzogen, das Band

und nun

nehmen die Geister

überhand

und huschen

über den Augenrand.

Bild 5 – Kastanienbaum mit Bank

Sehe

Flusen

Striche

Spinnen,

keine Ahnung, wo sie beginnen.

Sie rutschen über den Brillenrand

und bewerfen mich mit Sand.

Nun such ich das Leck

und

suche

erneut meine Ringe,

suche

erneut meine Spur

und

gehe ins Innen,

tief, tief

Drinnen.

Wenn das Auge trübe wird

Wenn das Auge trübe wird,

lautet die Botschaft:

Schaue nach Innen Frau.

Suche nach der Wahrheit

deiner Seele.

Raffe deine Kleider zusammen und

gehe in die Stille.

Höre ihr zu, deiner Seele.

Wenn das Auge blind wird,

lautet die Botschaft:

Lasse dich führen von

deiner Seele,

in totalem Vertrauen führen,

von der Äußeren Welt in das Innen.

Damit Alles sieht.

Auge 1- 4

Einäugig

bin ich geworden

durch 3 Nächte hindurch.

Den schnellen Durchblick verloren,

die ganze linke Seite verletzt.

Verbunden mit allen Schwachen und Blinden

setze ich Segel,

flechte mein Haar,

löse ich die Winden

und steche lauschend in See.

Wenn alles so einfach wär',

stünde der Himmel überm Meer,

die Sonne läg' auf dem Horizont

und mein Auge wäre wieder gesund.

Da es aber nicht so ist,

ist es wohl meine Sicht

oder auch nicht.

Ich rüttele

und schüttele

mich.

Ich zaudere

und schaudere

vor meinem Licht.

Ich würd' jetzt auf die Augen hören,

mein Auge spricht

und

ich könnt' es beschwören:

Es wird jetzt Licht

Im Fokus

– Verletzt –

und

in Sekundenschnelle

– vernetzt –

In einem Augenblick

wie aus dem Nichts

in die Mitte geweckt

in Szene gesetzt

– Dann –

umwoben

umworben

von heilenden Leben

– zum Segen –

einem Wunder gleich

ist jetzt alles bereit

Mein Auge

Mein Auge
verweile in der Ferne
und heile.

Sei Dir gewiss!

Schaue in deinen Bahnen!

Schaue nicht nach rechts und links!

Halte dich fest

an dir!

Schaue in sanften Schüben

in deinen eigenen Horizont,

der schon auf dich wartet –

Und

die Windmühlen

auf den Hügeln

drehen sich für dich.

Heilung in Blau

Um mein linkes Auge:

Blaue

zirkulierende

durchsichtige

phosphoreszierende Kreise –

durchziehen meine Wunde

und nehmen alles mit

was hier nicht passend ist

Feine

ganz feine blaue Energie

durchwebt

die Wunde

und löst auf

löst ins Licht

heilt sanft

und leise

auf Seine Weise

Bild 10 – Hutzelweg mit blauem Himmel

Traudel, Traudel,

du wirst es kaum glauben:

Ich sehe wieder:

Alle Blumen, Bäume, Gräser......,

ich sehe sie wieder.

Sie leuchten noch deutlicher

und

sprechen zu mir:

Du bist wieder hier –.

Ich sehe über den Nasenrand,

tatsächlich

und

bin wieder ganz

Dezember – Dämmerung

Im Lauf

plötzlich ein Raunen: Schau hinaus!

           Bleib' stehn!

           Schau!

Ich tast mich

schauend langsam

durch den Himmel:

Welch ein Blau

in das ich

in die tiefste Tiefe schau

Welch ein Blau

Das blauste Blau

zieht zärtlich flüsternd

in mich ein

Tief zieh ich dieses Blau

in mich hinein:

Zeit, sie dehnt sich

Stille legt sich

über mein und alles Sein

Ausblicke 3

Komm ins Offene

Ich spanne mich auf

Ich spanne mich auf

wie ein Segel,

wie eine Leinwand

mache ich mich breit und weit

und stimme zu,

was sich so zeigt

Lassen wir doch

Lassen wir doch
endlich zu,
dass sie sich
die Hände reichen,
die Waffen streichen
Die Übungen werden abgesagt
und nicht nur vertagt,
dass sie einander angstfrei trauen
mit Mut und Wissen
in die Augen schauen
Lassen wir doch
endlich zu,
dass das Kalkül ruht
und,
dass das Sanfte
das Sanfte sich sucht

Und Stille
ist über den Wassern

Schluss mit den Parolen

Ich werd` euch
nicht
auf den Leim gehen
*Noch bin ich keine Fliege
Schluss mit den Parolen
der Trennung
Schluss mit der Angst
vor diesem und jenem
Schluss mit der Angst davor
die Dinge beim Namen
zu nennen
*Ich bin bei Harry Potter in die Schule gegangen
Schluss damit
meine Meinung zu verstecken
meine Narben zu verdecken
*s.o.
Raus aus dem grauen Stillstand
Die wahren Masken sehen
Und dann hinein ins bunte Leben
Ich werde mir einen Reim auf alles machen
und die Sterne sehen
*Am Anfang war doch das Wort

taufrisch

Ich lege
mein altes Fell
ab,
häute mich
wie die Schlange,
meine Lehrmeisterin,
lege mich
in den Süden
entspannt,
werde sanft……

Lege
meine Maske
ab,
schaue
nun ins Licht
taufrisch

Die Kunst

Die Kunst ist Gottes
engstes Kind
An sie vergibt er seine Gaben
sozusagen
im Schlaf
um die zu laben
die sonst verzagen
gerade jetzt
in diesen Tagen
Sie vereint was getrennt
Sie ist es
die uns in der Seele beschenkt
gerade jetzt
wo es hängt und klemmt

Bild 5 - Wunschbaum

Ethische Komponente

Nicht alles, was machbar ist,
sollten wir machen.
Nicht alles, was zu sehen geht,
sollten wir anschauen.
Nicht alles, was es zu kaufen gibt
sollten wir kaufen.
Nicht alles, was es zu essen gibt,
sollten wir essen.
Nicht alles, was hörbar ist,
sollten wir hören.
Nicht alles, was es zu fühlen geht,
sollten wir fühlen.

Nicht alles, was machbar ist,
sollten wir machen.

Alles im Flow

Nichts endet,
was je begonnen hat
– Kreise in Kreise –
Wo ein Kreis endet,
beginnt ein neuer
Außen wie Innen
Was hier beginnt
endet nie
– Kreise in Kreise –

Nichts geht verloren
Immerdar

Zeig dich

Zeig dich
Komm ins Licht
Komm ins Rampenlicht
in Sicht

Zeig dich
Komm
Komm aus dem Haus
Komm aus dem Schneckenhaus
heraus

Nutze die Stromschnelle
Werde selbst Welle
und gleite auf ihr
hinaus
zu dir

Waldtreppe

Komm ins Offene

Komm ins Offene
Setze die Segel
und nimm
dein Ruder leicht in die Hand
Dringe vor ins Unbekannte
    ungeschätzte
    unbenannte Land

Bemerke dein Zaudern
Geh zwei Schritte zurück
drei wieder vor
und grolle den Dämonen
die dir auflauern

Wirf dein Haar in den Nacken
steure sanft deinen Nachen
Nutze die Stromschnelle
Werde selbst Welle
und gleite hinaus

Bild 9 Bodensee

Zur Freiheit geboren

Wir,
auf Gaia
sind zur Freiheit geboren
zur Freiheit auserkoren
sichtbar
deutlich spürbar
gerade jetzt
mit Wehen
in die Welt gesetzt
rausgepresst
endlos gehetzt:
Wir alle sind
zur Freiheit geboren

Zur Autorin

Ursela Bresch wurde 1952 in Freiburg im Breisgau geboren. Sie machte nach einer Handwerkslehre über den zweiten Bildungsweg Abitur. Anschließend studierte sie Grund- und Hauptschullehramt mit Schwerpunkt Deutsch und „Bildende Kunst".
Es folgten Tätigkeiten Anstellung in verschiedensten Schulen in Baden-Württemberg und Hessen.
Nebenher ließ sie sich u.a. auch in Traumatherapie, Systemische Aufstellung etc. ausbilden.
Gedichte entwickelte sie bereits mit 16 Jahren als Verdichtung und meist Abschluss einer intensiven Auseinandersetzung mit eigenen Lebensthemen.

Ihre Bücher „Durchgänge", und „Aufgänge" wurden im Adlerstein Verlag 2021 und 2023 herausgegeben.